わたしだけの猫刺繍

寝姿

刺繍 >> étoffer.i

図案 >> P.73　刺し方のポイント >> P.42

成美堂出版

Contents

ねむねむ猫

刺繍 >> itonohaco
図案 >> P.46

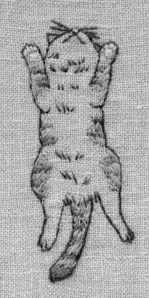

Wake up!

刺繍 >> tappi
図案 >> P.47

5

おもちゃ大好き

刺繍 >> étoffer.i

図案 >> P.48

いっしょに遊ぶ？

刺繍 >> étoffer.i
図案 >> P.49

白猫と黒猫

刺繍 >> étoffer.i
図案 >> P.50

Item.1
猫のいるトートバッグ

刺繍 >> *étoffer.i*
図案 >> **P.51**
小物の作り方 >> **P.76**
刺し方のポイント >> **P.39**

RUN! RUN! RUN!

刺繍 >> étoffer.i
図案 >> P.52, 53

小さな狩人たち

刺繍 >> tappi
図案 >> P.54

Item.2
後ろ姿の猫巾着

刺繍 >> **étoffer.i**
図案 >> **P.55**
小物の作り方 >> **P.77**

Item.3

シャム猫のキッチンクロス

刺繍 >> *étoffer.i*

図案 >> **P.51**

ごはんタイム

刺繍 >> étoffer.i
図案 >> **P.56**, **57**

猫のパーティ

刺繍 >> *étoffer.i*
図案 >> P.58

Item.4
おすまし猫のフレーム

刺繍 >> étoffer.i
図案 >> P.59

これ、なあに？

刺繍 >> étoffer.i
図案 >> P.55

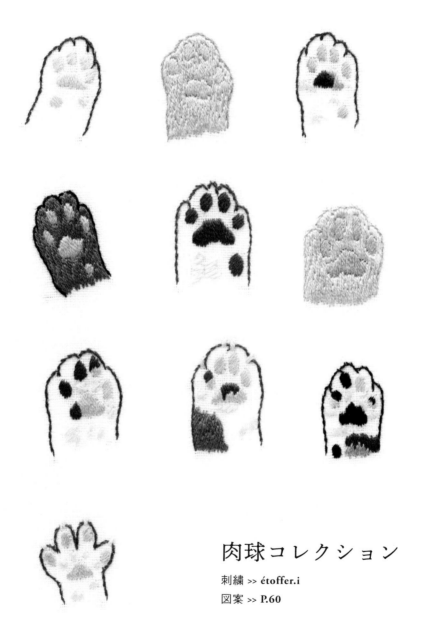

肉球コレクション

刺繍 >> étoffer.i
図案 >> P.60

FACE

刺繍 >> tam-ram
図案 >> P.61〜63

Item.5

ストレッチ猫のクッションカバー

刺繍 >> **étoffer.i**
図案 >> **P.64**
小物の作り方 >> **P.74**

ある日の猫

刺繍 >> étoffer.i
図案 >> P.65

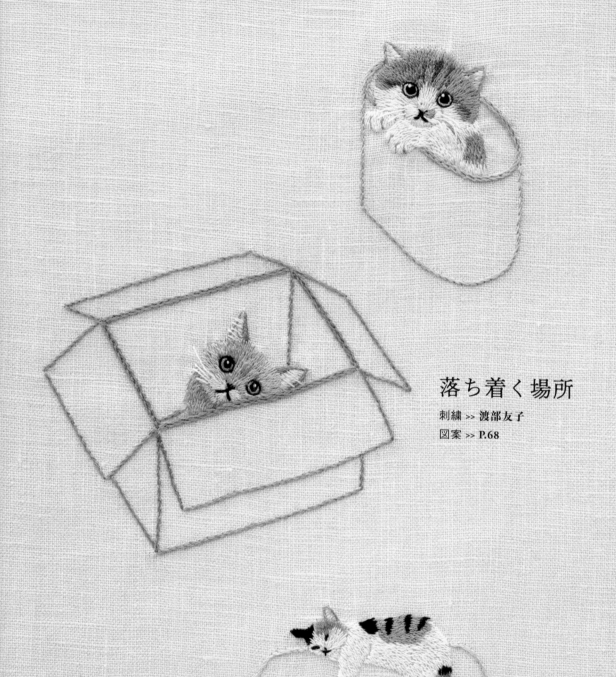

落ち着く場所

刺繍 >> 渡部友子
図案 >> P.68

Item.6

猫の顔が
のぞくシャツ

刺繍 >> étoffer.i
図案 >> **P.53**

猫のブローチ

刺繍 >> **étoffer.i**
図案 >> **P.67**
小物の作り方 >> **P.78**

D

E

F

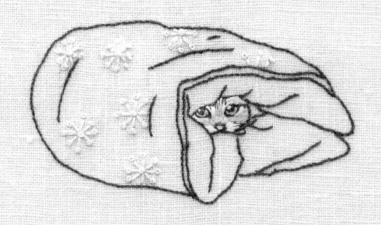

毛布にくるまる猫

刺繍 >> tappi

図案 >> P.69

3匹の子猫

刺繍 >> tappi
図案 >> P.70

おさんぽ猫のスリーブ

刺繍 >> **étoffer.i**
図案 >> **P.71**
小物の作り方 >> **P.78**

B   A

猫シルエット

刺繍 >> étoffer.i
図案 >> P.71

33

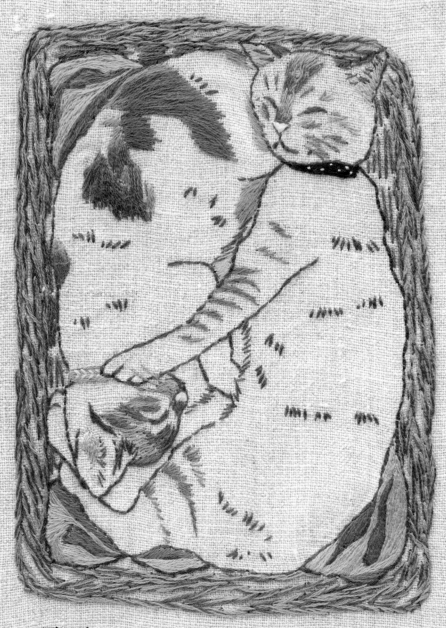

2匹はなかよし

刺繍 >> itonohaco
図案 >> P.72

イラストを刺繍にして楽しみましょう！

　繊細な線画のイラストを刺繍するにはいくつかコツがあります。まず、最初に刺すのは目元。ここを丁寧に刺すと、愛らしい顔の表情をバランスよく仕上げることができます。模様のある猫は色の境目を2色の糸が重なるように刺すことで、自然なグラデーションが生まれます。基本は薄い色から濃い色の順に刺しましょう。イラストの毛並みに沿って、刺す方向を変えながらロング＆ショート・ステッチを刺すと自然な立体感を作ることができ、イラストとは違ったニュアンスを楽しむことができます。刺し埋めるのが難しそうという人は、輪郭だけをなぞって刺してもかわいくなるので、いろいろアレンジしながらお試しください。

ロシアンブルー　刺繍 >> étoffer.i　図案 >> P.73

イラスト >> イデタカコ

刺繍レッスン

必要な材料と道具　本書の作品に使用した材料と道具を紹介します。

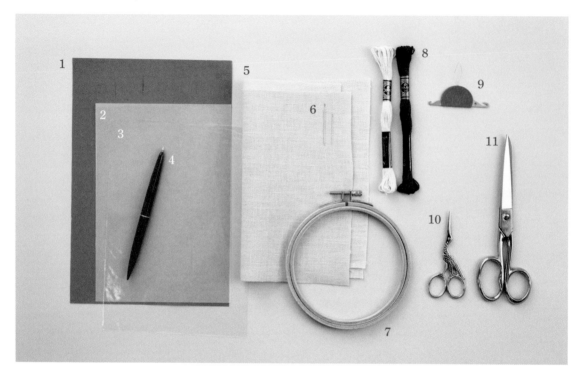

1. 手芸用複写紙
トレーシングペーパーに写した図案を布に複写するとき
に使う。

2. トレーシングペーパー
図案を布に写すときに使う半透明の紙。ハトロン紙など
の薄紙でも。

3. セロファン
図案を布に写すときにトレーシングペーパーが破れない
ように重ねて使う。

4. トレーサー
図案を布に写すときにセロファンの上から線をなぞるた
めに使う。

5. 布
平織りのリネンやコットン、綿麻地が刺しやすい。水通
しをしてから使う。

6. フランス刺繍針
針穴が大きく、先端が尖っているのが特徴。右は25番刺
繍糸2〜3本どり用のNo.7、左は5〜6本どり用のNo.4。

7. 刺繍枠
布を張って刺繍をしやすくする枠。直径12cm前後が使
いやすい。

8. 25番刺繍糸
細い糸が6本撚り合わさっている綿100%の糸。本書で
はDMC製を使用。

9. スレダー
針に糸を通す道具。

10. 糸切りはさみ
刃先が尖った小さなはさみ。細かな糸始末に便利。

11. 裁ちばさみ
布専用のはさみ。

基本の作業　　刺繍をするために知っておきたいテクニックです。

◆ 刺繍糸を用意する

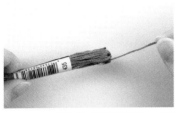

1 ラベルを外さず、6本どりになった状態のまま、糸端を約50cm引き出してカットする。

2 切った糸を2つ折りにして、糸を1本ずつ引き抜く。

3 必要な本数を揃えて持つ（写真は2本どり）。

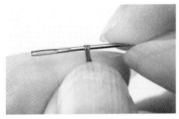

4 糸の先を針の頭に引っかけて2つ折りにする。

5 糸の折り山を刺繍針の穴に通す。

6 糸端を引き抜く。刺繍糸の用意ができた。

◆ 図案を写す

1 図案にトレーシングペーパーを重ねて鉛筆で写し、布の上に重ねてまち針で固定する。

2 トレーシングペーパーと布の間に手芸用複写紙をはさみ、一番上にセロファンを重ね、トレーサーで図案をなぞる。

3 図案が写せた。薄いところはもう一度なぞる。

◆ 刺繍枠に布をセットする

1 刺繍枠の外枠のネジをゆるめて内枠をはずす。

2 図案が刺繍枠の内枠の中心にくるように外枠をはめる。

3 布端を引いて布目の歪みを整えてから刺繍枠のネジを締める。

線と面の刺し方

◆ 線の刺し始めと刺し終わり

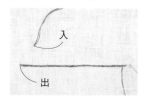

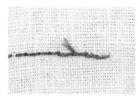

1 刺し始め位置から少し離れた表側から針を入れ、刺し始めの根元に針を出す。糸端は約10cm残しておき、刺し進める。

2 刺し終わりは布を裏に返し、刺し終わり側の縫い目を2〜3目すくって糸を絡ませる。

3 布の際で糸をカットする。

4 刺し始めの糸端を裏側に引き出し、2、3と同様に糸始末をする。

◆ 面の刺し始めと刺し終わり

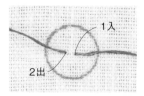
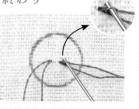

1 図案の中央を1針すくう。

2 針を入れた位置に戻って再び針を入れる。その際、糸端側の糸を割って針を入れる。

3 図案の外側の線に針を出す。糸端はほどけない程度に少し残してカットする。

4 右半分を外側に向かって刺す。

裏側で渡り糸をくぐらせたところ。

5 裏の渡り糸をくぐらせて3の位置に針を出す。

6 左半分も同様に刺す。

7 刺し終わりは布を裏返し、渡り糸を2、3回すくう。

8 布の際で余分をカットする。

刺繍をするとき、玉結びや玉どめをしてもいい？

刺し始めと刺し終わりに玉結びや玉どめをしないのが刺繍の基本ですが、ステッチですっぽり覆われて糸端に作る結び目がごろつかない場合や、頻繁に洗濯をする小物などに刺す場合は、玉結びや玉どめをしてもかまいません。その場合は必要以上に大きな結び目にならないように注意しましょう。

玉結びの作り方

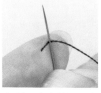

糸端に結び目ができた。

1 針に糸を通し、糸端を人差し指にのせて針で押さえる。

2 針に糸を2〜3回巻きつけ、巻きつけた糸を下に寄せる。

3 親指で押さえて針を引き抜く。

針を引き抜く

刺し方のポイント

刺し埋める猫の場合

P.9の「猫のいるトートバッグ」の猫で解説。刺繍糸は指定以外2本どり。図案、糸の色指定、使用したステッチはP.51を参照。

1. 目を刺す

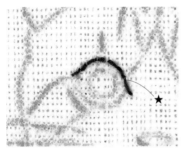

1 目頭（★）から針を出し、目の輪郭の上をバック・S（1本どり）で刺す。

2 目の輪郭の下を刺す。

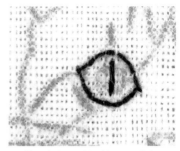

3 瞳を中央から刺し始める。右半分を刺す。
面の刺し方▶P.38

4 右半分をサテン・Sで刺す。

5 左半分も同様に刺す。

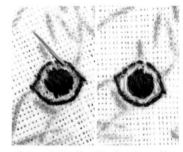

6 目の輪郭と瞳の間に針を出し、瞳のまわりをサテン・S（1本どり）で埋める。瞳のまわりが刺せた。

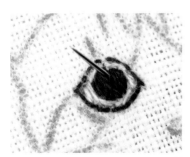

7 最後に瞳の光をストレート・Sで刺す。

8 左目も同様に刺す。

2. 鼻、口、頬、あごを刺す

9 鼻をサテン・S（1本どり）、口をバック・S、頬とあごをアウトライン・Sの順に刺す。

3. 鼻まわりを刺し埋める

10 鼻まわりを放射状にロング＆ショート・Sで刺し埋める。まず中央に目安となるラインを刺す。

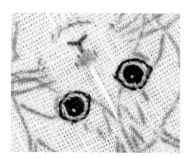

11 1本刺せた。

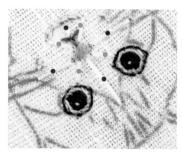

12 続けて8等分になるように鼻まわりにラインを刺す（●を刺してから●を刺す）。

4. 耳を刺す

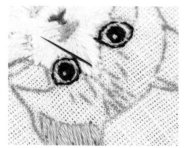

13 1つのブロックを埋めるようにロング＆ショート・Sを刺す。

14 鼻まわりを刺し終わったら、同じ要領で首まわりも刺す。

15 耳の内側をロング＆ショート・S（1本どり）で均等に埋める。

中央から針を出し、面の刺し方（P.38）と同様に刺す。

5. 顔、ボディを刺し埋める

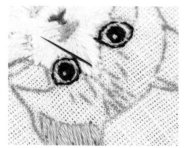

16 額から刺す。まず鼻まわりとの境目を自然にするため、少し鼻側に入った位置から針を出す。

17 縞模様を避けて、1針刺す。

18 ランダムに *16* 、*17* をくり返し、鼻を中心にして放射状に刺し進める。

19 耳の内側との境目も直線にならない
ように少しずつかぶせるように刺し
ていく。

20 すべて刺し埋めたら、耳の輪郭をア
ウトライン・S（1本どり）で縁どる
ように刺す。

6. 縞模様を刺す

21 額から刺す。顔、ボディを刺し埋め
た時に避けた縞模様の位置にロング
＆ショート・Sを刺す。

22 バランスを見ながら隙間を埋めるよ
うに刺していくときれいに仕上が
る。

23 目の横のラインをアウトライン・S
で刺す。顔、ボディが刺せた。

7. ひげを刺す

24 鼻の横に針を出す。

25 アウトライン・S（1本どり）で刺し埋
めた上にのるようにラインを刺す。

\ 完成 /

26 ひげは鼻側から外側へ向かって刺
す。

模様だけを刺し埋める猫の場合

P.1の「寝姿」の猫で解説。刺繍糸は指定以外2本どり。
図案、糸の色指定、使用したステッチはP.73を参照。

1. 輪郭を刺す

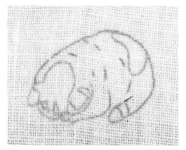

1 刺し始め位置に指定はなく、できる
だけ途中で途切れず、長く刺せると
ころから刺し始める。

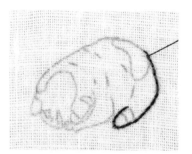

2 輪郭をアウトライン・S（1本どり）で
刺す。カーブは針目を細くしてき
れいな曲線を描くようにする。

3 輪郭がすべて刺せた。

2. 模様を刺す

4 縞模様をサテン・Sで刺す。

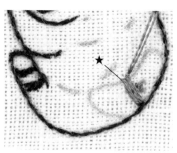

5 面の模様を中央から針を出して右半
分をサテン・Sで刺す。
面を刺す▶P.38

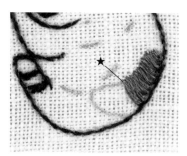

6 右端まで刺したら★位置に針を出
し、左側も同様に刺す。

7 模様を刺し埋めた。ほかの模様も同
様に仕上げる。

3. 毛の流れを刺す

8 図案に合わせてストレート・Sを刺
す。

\ 完成 /

9 頭は縞模様をつぶさないようにロン
グ＆ショート・Sで刺す。

ステッチの刺し方

ストレート・ステッチ

バック・ステッチ

①と④は同じ位置

アウトライン・ステッチ

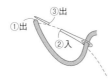 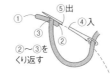

②～③を
くり返す

アウトライン・ステッチで角をきれいに刺す方法

裏側

1 最後(★)まで刺し、
　針は裏側に出しておく

2 布を裏返し、針をステッチの最後
　の目の下をくぐらせ、★の位置から
　表側に出す

3 角度を変えて、ステッチの
　続きを刺す

フライ・ステッチ

とめの
針目が長い

とめの
針目が短い

引きすぎず
とめると
カーブになる

フレンチノット・ステッチ

サテン・ステッチ

ロング＆ショート・ステッチ

コーチング・ステッチ

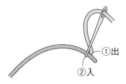 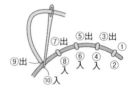

巻きつけバック・ステッチ

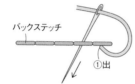 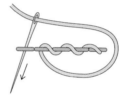

巻きつけ
アウトライン・ステッチ

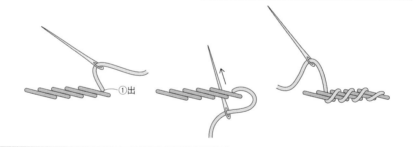

レイズド フィッシュボーン・
ステッチ

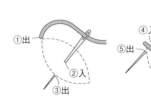 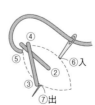

スプリット・ステッチ
＊2本どりで刺す

How to make

◆ 図案はすべて実物大です。

◆ 図案は原画を元にしているので、作品と多少異なる場合があります。
　作品ページの写真を参照してください。

◆ 刺し埋める部分の輪郭の有無は、作品ページの写真を参照してください。

図案ページの見方

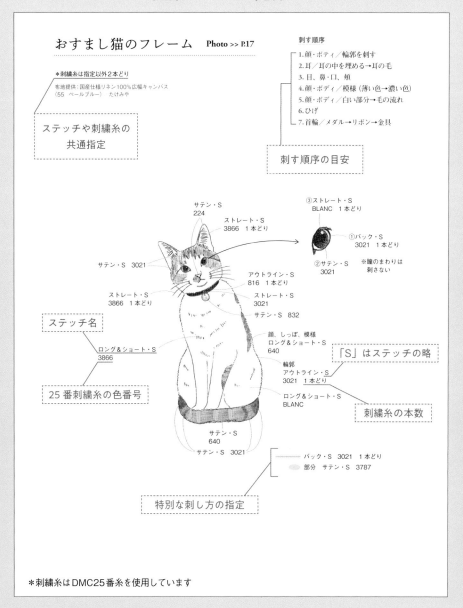

おすまし猫のフレーム　Photo >> P.17

＊刺繍糸は指定以外2本どり

布地提供：国産仕様リネン100%広幅キャンバス
（55　ペールブルー）　たけみや

ステッチや刺繍糸の
共通指定

刺す順序
1. 顔・ボディ／輪郭を刺す
2. 耳／耳の中を埋める→耳の毛
3. 目、鼻・口、頬
4. 顔・ボディ／模様（薄い色→濃い色）
5. 顔・ボディ／白い部分→毛の流れ
6. ひげ
7. 首輪／メダル→リボン→金具

刺す順序の目安

サテン・S
224

ストレート・S
3866　1本どり

③ストレート・S
BLANC　1本どり

①バック・S
3021　1本どり

サテン・S　3021

アウトライン・S
816　1本どり

②サテン・S
3021

※瞳のまわりは
刺さない

ストレート・S
3866　1本どり

ストレート・S
3021

サテン・S　832

ステッチ名

顔、しっぽ、模様
ロング＆ショート・S
640

「S」はステッチの略

ロング＆ショート・S
3866

輪郭
アウトライン・S
3021　1本どり

25番刺繍糸の色番号

ロング＆ショート・S
BLANC

刺繍糸の本数

サテン・S
640

サテン・S　3021

―――　バック・S　3021　1本どり
⬭　部分　サテン・S　3787

特別な刺し方の指定

＊刺繍糸はDMC25番糸を使用しています

ねむねむ猫　Photo >> P.4

＊刺繍糸はすべて1本どり
＊輪郭はすべてバック・Sを3031で刺す（目、鼻、口、ひげも含む）

布地提供：リトアニアリネンカラー無地（12 ピスタチオ）／fabric bird

刺す順序

1. 顔・ボディ／輪郭
2. 目
3. 鼻・口／鼻・口のライン→鼻の中
4. 顔・ボディ／模様の縞→縞のまわり→毛の流れ
5. 耳／耳の毛→耳の中（ピンクの部分）
6. 肉球、舌
7. ひげ

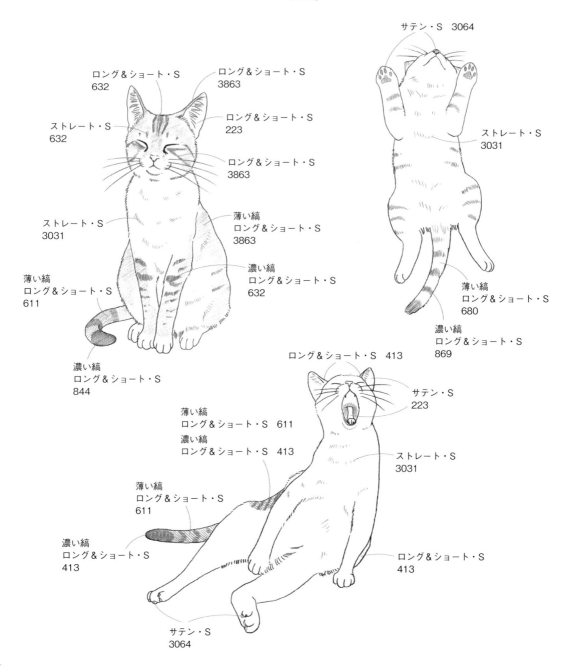

ロング＆ショート・S
632

ロング＆ショート・S
3863

ストレート・S
632

ロング＆ショート・S
223

ロング＆ショート・S
3863

ストレート・S
3031

薄い縞
ロング＆ショート・S
3863

薄い縞
ロング＆ショート・S
611

濃い縞
ロング＆ショート・S
632

濃い縞
ロング＆ショート・S
844

サテン・S　3064

ストレート・S
3031

薄い縞
ロング＆ショート・S
680

濃い縞
ロング＆ショート・S
869

ロング＆ショート・S　413

サテン・S
223

薄い縞
ロング＆ショート・S　611
濃い縞
ロング＆ショート・S　413

ストレート・S
3031

薄い縞
ロング＆ショート・S
611

濃い縞
ロング＆ショート・S
413

ロング＆ショート・S
413

サテン・S
3064

Wake up!　Photo >> P.5

＊刺繍糸はすべて1本どり
＊指定以外はアウトライン・Sで刺す
＊鼻と耳の中はサテン・Sを152で刺す

布地提供：カラーリネン（117 ミルク・ホワイト）　fabric bird

刺す順序

1. 顔・ボディ／輪郭
2. 目／刺す順序は図内参照
3. 鼻・口
4. 耳／耳の毛→耳の中（ピンクの部分）
5. ひげ
6. 顔・ボディ／模様の縞→毛の流れ

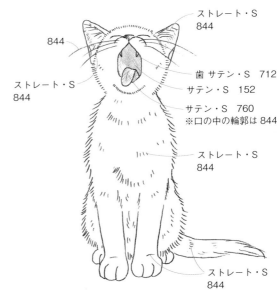

ストレート・S
844

844

ストレート・S
844

歯 サテン・S　712

サテン・S　152

サテン・S　760
※口の中の輪郭は844

ストレート・S
844

ストレート・S
844

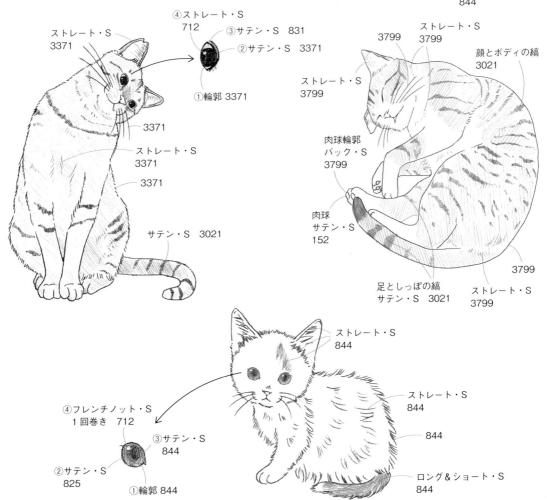

ストレート・S
3371

④ストレート・S
712

③サテン・S　831

②サテン・S　3371

①輪郭 3371

3371

ストレート・S
3371

3371

サテン・S　3021

ストレート・S
3799

ストレート・S
3799

顔とボディの縞
3021

ストレート・S
3799

肉球輪郭
バック・S
3799

肉球
サテン・S
152

3799

足としっぽの縞
サテン・S　3021

ストレート・S
3799

④フレンチノット・S
1回巻き　712

③サテン・S
844

②サテン・S
825

①輪郭 844

ストレート・S
844

ストレート・S
844

844

ロング＆ショート・S
844

おもちゃ大好き　**Photo >> P.6**

＊刺繍糸は指定以外2本どり

布地提供：国産仕様リネン100％広幅キャン
バス（71 ペールピンク）／たけみや

――――― バック・S　08　1本どり
――――― バック・S　3371　1本どり

刺す順序

●猫

1. 顔／目→鼻・口→頬→あご
2. 耳／耳のまわり→耳の中
3. ボディ／輪郭（オレンジのライン）
4. 顔・ボディ／模様
5. 顔・ボディ／広い部分の刺し埋め（薄い色→濃い色）
6. ひげ

ロング＆
ショート・S
3371

ロング＆ショート・S
3866

ロング＆
ショート・S
841

ストレート・S
08

サテン・S
648

ロング＆ショート・S
3371

④ストレート・S
BLANC

①

③サテン・S　322

②サテン・S　3371

ロング＆ショート・S
3371

サテン・S　842

ロング＆ショート・S
310

サテン・S
3716

鼻　サテン・S
3371

サテン・S
349

ストレート・S
08　1本どり

バック・S
841　1本どり

③ストレート・S
BLANC

※瞳のまわりは
刺さない
②サテン・S
310

①バック・S
310　1本どり

ストレート・S
3021

ストレート・S
842　1本どり

バック・S
3021

ロング＆ショート・S
BLANC

アウトライン・S
3021　1本どり

アウトライン・S
368　3本どり

サテン・S
738

サテン・S　152

フレンチノット・S
2回巻き　317

バック・S
317

サテン・S
159

ストレート・S
317

刺す順序

●おもちゃ

1. 持ち手
2. ひも・おもちゃの輪郭
3. おもちゃ／耳→刺し埋め→目

ロング＆ショート・S
BLANC

指の線
バック・S
3021
1本どり

――――― バック・S　3021　1本どり
――――― サテン・S　640

顔、手の縞模様
サテン・S
3021

ストレート・S
640　1本どり

※瞳のまわりは刺さない
③ストレート・S
BLANC

ロング＆ショート・S
648

①バック・S
3021
1本どり

②サテン・S
3021

サテン・S
3354

いっしょに遊ぶ？ **Photo >> P.7**

＊刺繍糸は指定以外2本どり
＊猫は指定以外、ロング＆ショート・Sで刺す
＊ガーランドは指定以外、アウトライン・Sで刺す

布地提供：カラーリネン（116 ピーチ・ブラッサム）
fabric bird

刺す順序

●ガーランド
1. ロープ
2. フラッグ／輪郭→模様

●猫
1. 顔・ボティ／輪郭を刺す
2. 目、鼻・口
3. 耳／耳の中を埋める→耳の毛
4. 顔・ボティ／顔の模様→ボティの模様→全体を埋める

●毛糸玉
1. 輪郭
2. 糸／流れに沿って埋める
3. 糸端

フレンチノット・S
2回巻き
961　3本どり
3865

巻きつけバック・S
434　3本どり

368

サテン・S
644

バック・S
368

バック・S
3865

フレンチノット・S
2回巻き　644
3本どり

644

3865

バック・S
368

368

961

844
アウトライン・Sで
埋める

844
648

＊猫の輪郭は
アウトライン・S
844　1本どり

ストレート・S
644　1本どり

224

434
738

アウトライン・S
644
1本どり

サテン・S　3772
ストレート・S　3772

434

738

部分
644

844

434

738

③ストレート・S
3865

※瞳のまわりは
刺さない

②サテン・S
844

①バック・S
844　1本どり

アウトライン・S
844　1本どり

3865

844

アウトライン・S
326
1本どり

サテン・S
961
3本どり

434

3865

アウトライン・S
961　3本どりで埋める

白猫と黒猫　Photo >> P.8

＊刺繍糸は指定以外1本どり
＊黒字は白猫、青字は黒猫の色番号
＊輪郭、頬、あごのラインはアウトライン・Sで刺す

布地提供：国産仕様リネン100％広幅キャンバス
（OW オフホワイト、BK ブラック）／たけみや

刺す順序

1. 頬・ボディのライン→毛の流れ
2. 耳のライン→中の毛の流れ→中を埋める
3. 顔と耳の境目の毛
4. 目→鼻・口
5. ひげ

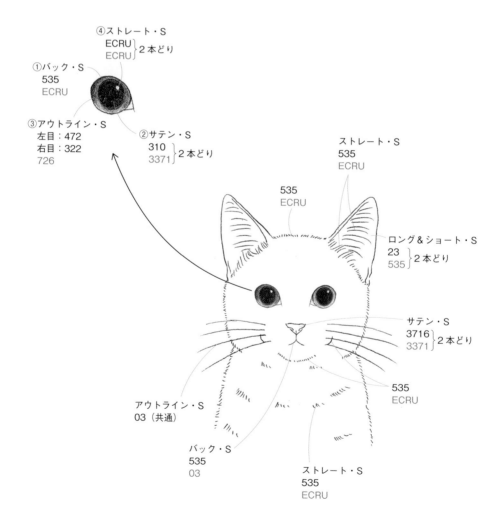

④ストレート・S
ECRU
ECRU ｝2本どり

①バック・S
535
ECRU

③アウトライン・S
左目：472
右目：322
726

②サテン・S
310
3371 ｝2本どり

ストレート・S
535
ECRU

535
ECRU

ロング＆ショート・S
23
535 ｝2本どり

サテン・S
3716
3371 ｝2本どり

535
ECRU

アウトライン・S
03（共通）

バック・S
535
03

ストレート・S
535
ECRU

猫のいるトートバッグ　Photo >> P.9

＊刺繍糸は指定以外2本どり
＊顔・ボディ、顔の縞模様はロング＆ショート・Sで刺す
＊刺し方はP.39参照

布地提供：国産仕様リネン100％広幅キャンバス
（55 ペールブルー）／たけみや

刺す順序

1. 目→鼻・口→鼻まわり（顔中央）
2. 耳／耳の中→輪郭
3. 顔／外側→縞模様
4. ボディ／中央（薄い色）→
外側（濃い色）→縞模様
5. ひげ

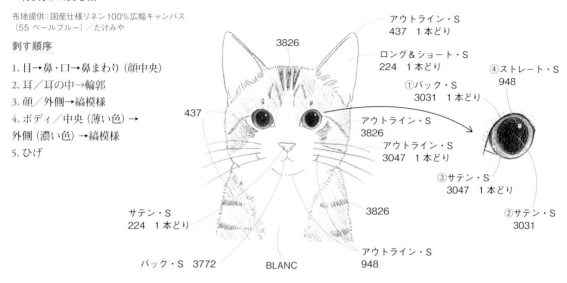

アウトライン・S
437　1本どり

ロング＆ショート・S
224　1本どり

④ストレート・S
948

①バック・S
3031　1本どり

3826

437

アウトライン・S
3826

アウトライン・S
3047　1本どり

③サテン・S
3047　1本どり

②サテン・S
3031

サテン・S
224　1本どり

3826

バック・S　3772

BLANC

アウトライン・S
948

シャム猫のキッチンクロス　Photo >> P.13

＊刺繍糸は指定以外2本どり
＊青の色番号はサテン・Sで刺す

布地：お好みのキッチンクロス

刺し方

1. 耳／輪郭→耳の中
2. 顔・ボディ／顔中央（濃い色）→
外側（薄い色）→毛並み→模様
3. 目→鼻・口→頬→ひげ

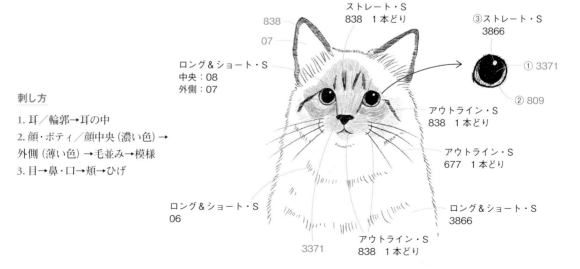

ストレート・S
838　1本どり

③ストレート・S
3866

838

07

ロング＆ショート・S
中央：08
外側：07

① 3371

② 809

アウトライン・S
838　1本どり

アウトライン・S
677　1本どり

ロング＆ショート・S
06

ロング＆ショート・S
3866

3371

アウトライン・S
838　1本どり

RUN! RUN! RUN!　**Photo >> P.10**

＊刺繍糸は指定以外1本どり
＊鼻はサテン・S、口はアウトライン・Sで刺す
＊顔まわり、つま先など細かな部分はロング＆ショート・
Sで刺す

布地提供：国産仕様リネン100％広幅キャンバス（74　ペール
イエロー）／たけみや

刺す順序

1. 顔・ボディ／輪郭を刺す
2. 目→鼻・口
3. 耳／耳の中を埋める
4. ボディ／模様を刺す
5. 顔・ボディ／全体を埋める（顔から体へ刺し進める）
6. ひげ

目の刺し方（共通）

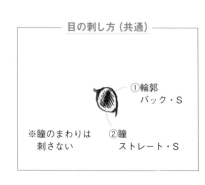

①輪郭
　バック・S

②瞳
　ストレート・S

※瞳のまわりは
　刺さない

右上猫

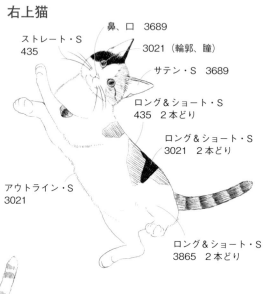

ストレート・S
435

鼻、口　3689

3021（輪郭、瞳）

サテン・S　3689

ロング＆ショート・S
435　2本どり

ロング＆ショート・S
3021　2本どり

アウトライン・S
3021

ロング＆ショート・S
3865　2本どり

左上猫

鼻、口
3689

サテン・S
3689

844
（輪郭、瞳）

ロング＆ショート・S
844　2本どり

ストレート・S
844

アウトライン・S
844

ロング＆ショート・S
648　2本どり

右中猫

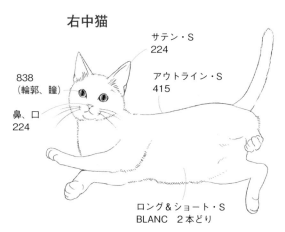

サテン・S
224

アウトライン・S
415

838
（輪郭、瞳）

鼻、口
224

ロング＆ショート・S
BLANC　2本どり

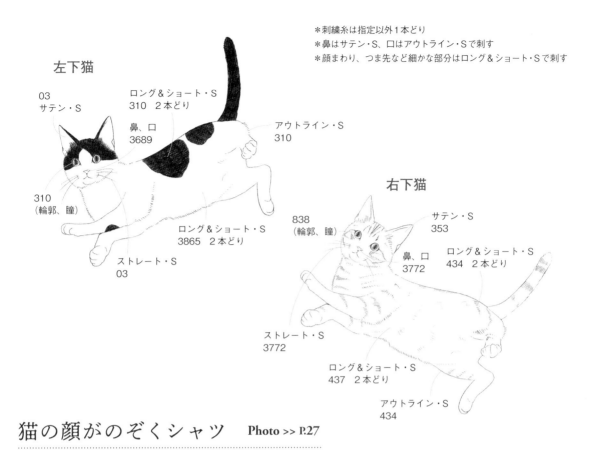

左下猫

03
サテン・S

ロング＆ショート・S
310　2本どり

鼻、口
3689

アウトライン・S
310

310
(輪郭、瞳)

ロング＆ショート・S
3865　2本どり

ストレート・S
03

右下猫

838
(輪郭、瞳)

サテン・S
353

鼻、口
3772

ロング＆ショート・S
434　2本どり

ストレート・S
3772

ロング＆ショート・S
437　2本どり

アウトライン・S
434

猫の顔がのぞくシャツ　**Photo >> P.27**

＊刺繍糸は指定以外2本どり
＊顔、耳の中、口と目のまわり、鼻の上は
ロング＆ショート・Sで刺す

布地：お好みのリネンシャツ

刺す順序

1. 耳／輪郭→耳の中
2. 顔／中央 (薄い色) →外側 (濃い色) →
縞模様
3. 目→鼻 (中央から外側) →ひげ

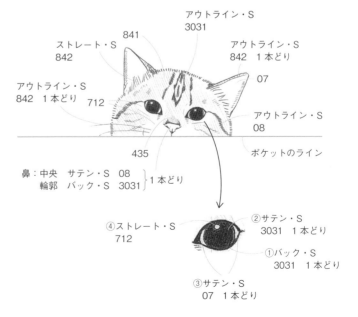

アウトライン・S
3031

ストレート・S
842

841

アウトライン・S
842　1本どり

07

アウトライン・S
842　1本どり

712

アウトライン・S
08

435

ポケットのライン

鼻：中央　サテン・S　08
　　輪郭　バック・S　3031 ｝1本どり

④ストレート・S
712

②サテン・S
3031　1本どり

①バック・S
3031　1本どり

③サテン・S
07　1本どり

小さな狩人たち　**Photo >> P.11**

＊刺繍糸はすべて1本どり
＊鼻、耳の中、肉球はサテン・Sを152で刺す
＊耳の毛はストレート・Sを712で刺す

布地提供：国産仕様リネン100％広幅キャンバス（73
ベージュ）／たけみや

バック・S
3799

ストレート・S
3799

サテン・S
973

アウトライン・S
3799

アウトライン・S
3799

②サテン・S
3799

④フレンチノット・S
1回巻き　712

③サテン・S
932

①アウトライン・S
3799

ボディの毛並み
ロング＆ショート・S
712

しっぽの毛並み
ロング＆ショート・S
712

刺す順序

●猫

1. 顔・ボディ／輪郭
2. 目／刺す順序は図内参照
3. 鼻・口
4. 耳／耳の中（ピンクの部分）→耳の毛
5. ひげ
6. 顔・ボディ／模様の縞→縞のまわり→白の部分

●猫じゃらし

柄→じゃらし部分

●蝶々

輪郭→羽の中

ロング＆ショート・S
3364

アウトライン・S
3364

アウトライン・S
3799

鼻の輪郭
アウトライン・S
3799

ロング＆ショート・S
535

アウトライン・S
3799で埋める

アウトライン・S
3799

④フレンチノット・S
1回巻き　712

③サテン・S
469

①アウトライン・S
3799

②サテン・S
3799

部分
ストレート・S
3799

顔、ボディの模様
ロング＆ショート・S
①535（グレー）
②3782（ベージュ）
③712（白）
の順に刺し埋める

アウトライン・S
3799

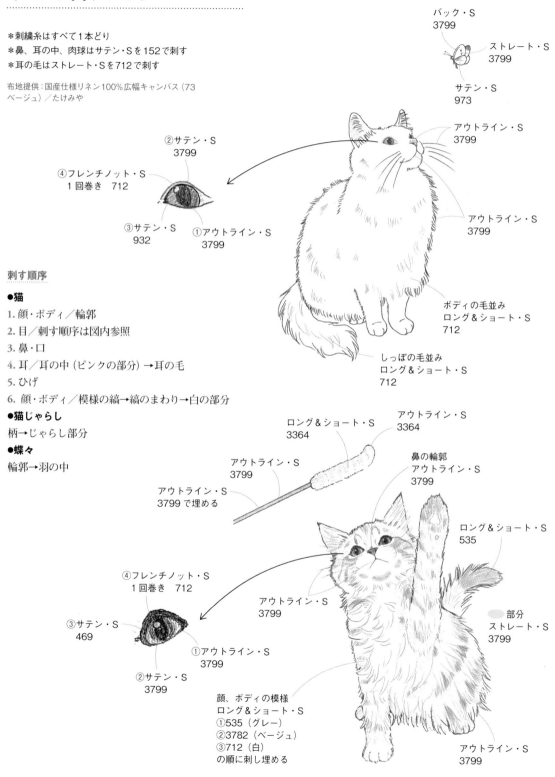

後ろ姿の猫巾着　**Photo >> P.12**

＊刺繍糸は指定以外2本どり
＊指定以外はロング＆ショート・Sで刺す

布地提供：リネン無地タンブラー（1 きなり）　fabric bird

刺す順序

1. 全身／面積の広い部分
2. 模様／薄い色→濃い色
3. ひげ

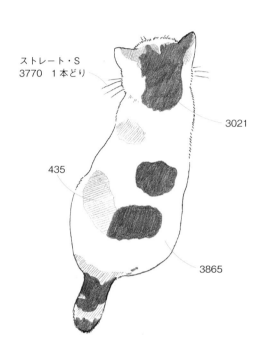

ストレート・S
3770　1本どり

3021

435

3865

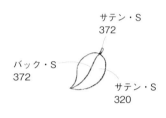

サテン・S
372

バック・S
372

サテン・S
320

これ、なあに？　**Photo >> P.18**

＊刺繍糸は指定以外2本どり
＊指定以外はロング＆ショート・Sで刺す

布地提供：カラーリネン（109 パーシモン）／ fabric bird

刺す順序

●猫
1. ボディ／輪郭
2. 模様／薄い色→濃い色
3. ボディ／白（3865）の部分
●葉
1. 葉の付け根と中央のライン
2. 葉全体

バック・S
844　1本どり

ストレート・S
3865　1本どり

アウトライン・S
3689

バック・S
844　1本どり

03

3865

部分
04

ごはんタイム　　Photo >> P.14, 15

＊刺繍糸は指定以外2本どり

布地：綿麻地（ホワイト／ヘリンボーン地）

刺す順序

●猫
1. 顔・ボディ、ごはん皿／輪郭
2. 顔／目
3. 耳／耳の中
4. 顔・ボディ／模様（薄い色→濃い色）または毛の流れ
5. ごはん皿／ごはんまたは器の側面
●フード
1. パッケージ／輪郭
2. 猫のイラスト
3. パッケージ／模様

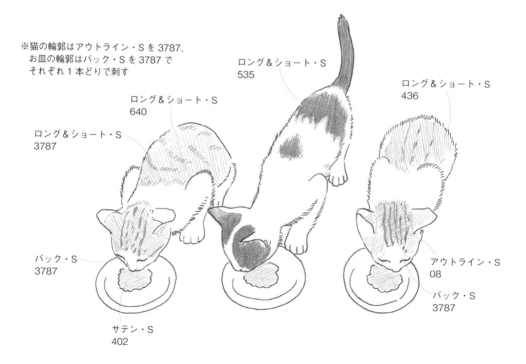

※猫の輪郭はアウトライン・S を 3787、
　お皿の輪郭はバック・S を 3787 で
　それぞれ 1 本どりで刺す

ロング＆ショート・S
535

ロング＆ショート・S
436

ロング＆ショート・S
640

ロング＆ショート・S
3787

バック・S
3787

サテン・S
402

アウトライン・S
08

バック・S
3787

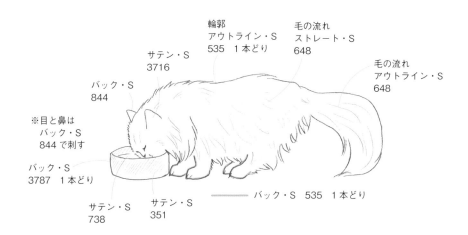

輪郭
アウトライン・S
535　1本どり

毛の流れ
ストレート・S
648

サテン・S
3716

毛の流れ
アウトライン・S
648

バック・S
844

※目と鼻は
バック・S
844で刺す

バック・S
3787　1本どり

サテン・S
738

サテン・S
351

──── バック・S　535　1本どり

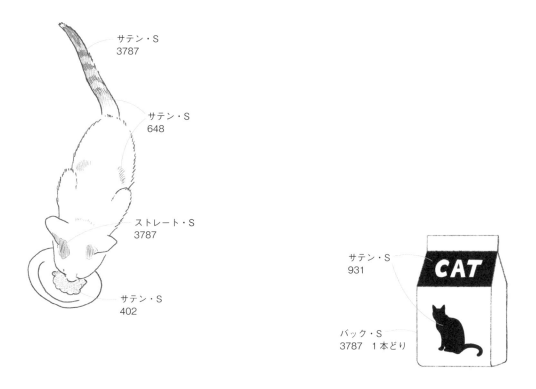

サテン・S
3787

サテン・S
648

ストレート・S
3787

サテン・S
402

サテン・S
931

CAT

バック・S
3787　1本どり

猫のパーティ　Photo >> P.16

＊刺繍糸は指定以外2本どり
＊顔・ボディ、ボディの模様、耳の中、Cの帽子とマントはロング＆ショート・Sで刺す

布地提供：リネン無地タンブラー（1 きなり）／fabric bird

```
┌─────────── 目の刺し方（共通）───────────┐
│ ③ストレート・S          ※目はすべて1本どり      │
│   A  BLANC           ※瞳のまわりは刺さない      │
│   B  ECRU                          A 535  │
│   C  3865          ②サテン・S       B 3021 │
│                   ①バック・S       C 838  │
└──────────────────────────────────┘
```

刺す順序（共通）

●猫
1. ボディ／面積の広い部分→模様
2. 顔／中央→外側
3. 目→鼻・口→ひげ

●小物
B：スカーフ／縞模様→輪郭
C：帽子、マント／本体→飾り

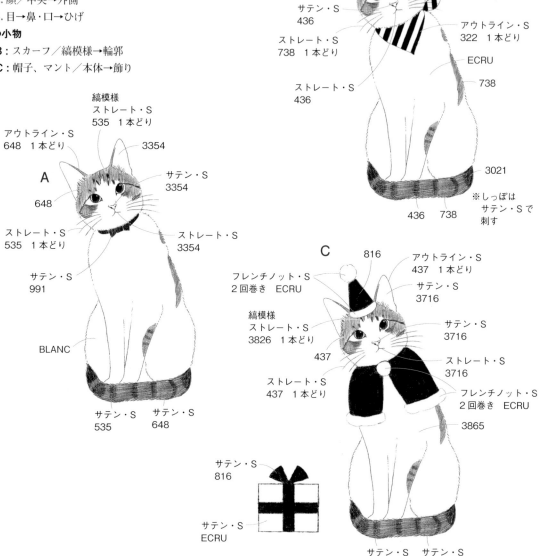

B

縞模様
ストレート・S
3021　1本どり

アウトライン・S
738　1本どり

738

サテン・S
ECRU

バック・S
322　1本どり

サテン・S
436

アウトライン・S
322　1本どり

ストレート・S
738　1本どり

ECRU

738

ストレート・S
436

3021

436　738

※しっぽは
サテン・Sで
刺す

A

縞模様
ストレート・S
535　1本どり

3354

アウトライン・S
648　1本どり

648

サテン・S
3354

ストレート・S
535　1本どり

ストレート・S
3354

サテン・S
991

BLANC

サテン・S
535

サテン・S
648

C

816

フレンチノット・S
2回巻き　ECRU

アウトライン・S
437　1本どり

サテン・S
3716

縞模様
ストレート・S
3826　1本どり

サテン・S
3716

437

ストレート・S
3716

ストレート・S
437　1本どり

フレンチノット・S
2回巻き　ECRU

3865

サテン・S
816

サテン・S
ECRU

サテン・S
3826

サテン・S
437

おすまし猫のフレーム Photo >> P.17

＊刺繍糸は指定以外2本どり

布地提供：国産仕様リネン100％広幅キャンバス
（55　ペールブルー）／たけみや

刺す順序

1. 顔・ボディ／輪郭を刺す
2. 耳／耳の中を埋める→耳の毛
3. 目、鼻・口、頬
4. 顔・ボディ／模様（薄い色→濃い色）
5. 顔・ボディ／白い部分→毛の流れ
6. ひげ
7. 首輪／メダル→リボン→金具

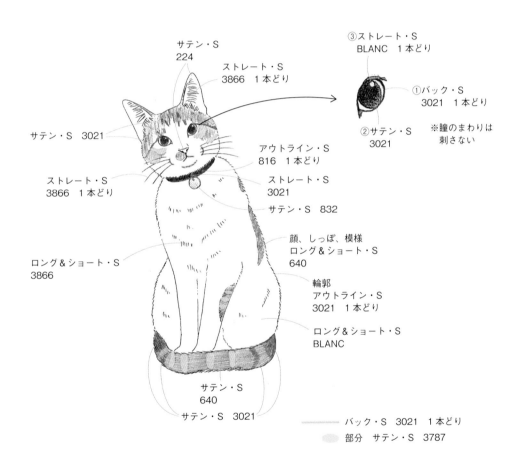

サテン・S
224

ストレート・S
3866　1本どり

サテン・S　3021

ストレート・S
3866　1本どり

ロング＆ショート・S
3866

アウトライン・S
816　1本どり

ストレート・S
3021

サテン・S　832

顔、しっぽ、模様
ロング＆ショート・S
640

輪郭
アウトライン・S
3021　1本どり

ロング＆ショート・S
BLANC

サテン・S
640

サテン・S　3021

③ストレート・S
BLANC　1本どり

①バック・S
3021　1本どり

②サテン・S
3021

※瞳のまわりは
刺さない

―――― バック・S　3021　1本どり

部分　サテン・S　3787

59

肉球コレクション　Photo >> P.19

✳刺繍糸は指定以外2本どり
✳肉球はサテン・Sで刺す
✳輪郭はアウトライン・Sで刺す

布地提供：リネン無地タンブラー（2オフ）／fabric bird

刺す順序

1. 手／輪郭を刺す
2. 肉球
3. 手／模様または刺し埋め→毛の流れ

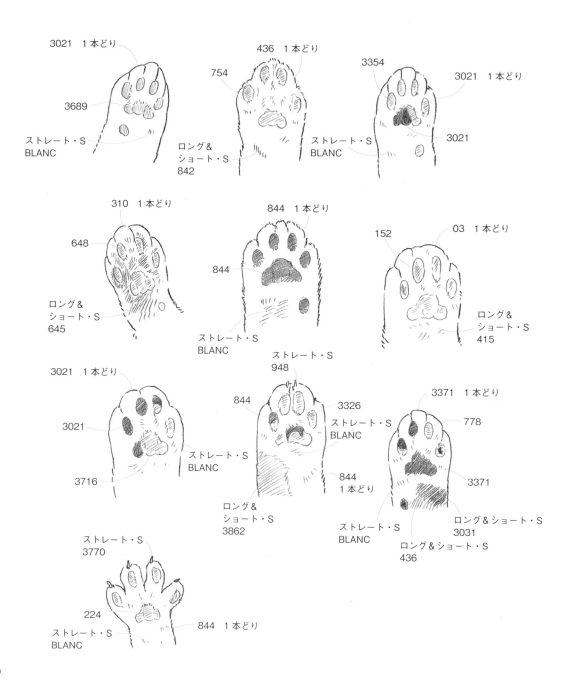

3021　1本どり
3689
ストレート・S
BLANC

436　1本どり
754
ロング＆
ショート・S
842

3354
3021　1本どり
ストレート・S
BLANC
3021

310　1本どり
648
ロング＆
ショート・S
645

844　1本どり
844
ストレート・S
BLANC

152
03　1本どり
ロング＆
ショート・S
415

3021　1本どり
3021
3716
ストレート・S
BLANC

ストレート・S
948
844
3326
ストレート・S
BLANC
844
1本どり
ストレート・S
BLANC
ロング＆
ショート・S
3862

3371　1本どり
778
3371
ロング＆ショート・S
3031
ロング＆ショート・S
436

ストレート・S
3770
224
ストレート・S
BLANC
844　1本どり

FACE **Photo >> P.20, 21**

＊刺繍糸は指定以外2本どり
＊指定以外、サテン・Sで刺す

布地提供：
P.20 リトアニアリネンカラー無地（15 ラベンダー）／fabric bird
P.21 リネン無地タンブラー（1 きなり）／fabric bird

刺す順序　※すべて共通

1. 目／刺す順序は図内参照
2. 鼻・口
3. 顔・ボディ／全体を埋める、または模様を埋める
4. 耳／耳の縁→耳の中→耳と顔の境の毛
5. ひげ

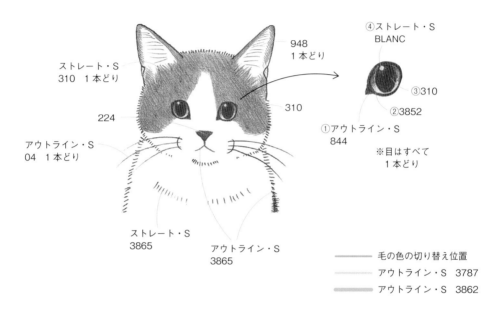

④ストレート・S
BLANC

948
1本どり

ストレート・S
310　1本どり

310

224

①アウトライン・S
844

③310

②3852

アウトライン・S
04　1本どり

※目はすべて
1本どり

ストレート・S
3865

アウトライン・S
3865

――――　毛の色の切り替え位置
――――　アウトライン・S　3787
――――　アウトライン・S　3862

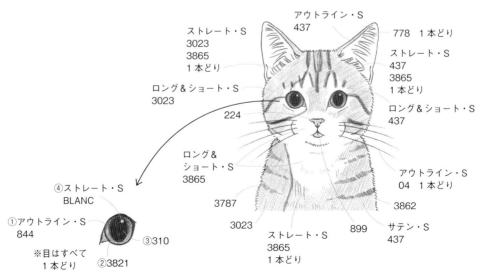

アウトライン・S
437

778　1本どり

ストレート・S
3023
3865
1本どり

ストレート・S
437
3865
1本どり

ロング＆ショート・S
3023

ロング＆ショート・S
437

224

ロング＆
ショート・S
3865

アウトライン・S
04　1本どり

3787

3862

④ストレート・S
BLANC

3023

899

サテン・S
437

①アウトライン・S
844

③310

※目はすべて
1本どり

②3821

ストレート・S
3865
1本どり

>> P.62, 63へ続く

>> FACE

※刺繍糸は指定以外2本どり
※指定以外、サテン・Sで刺す

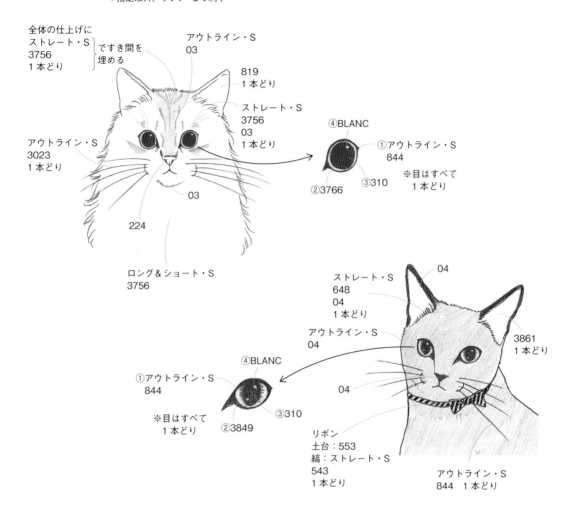

全体の仕上げに
ストレート・S
3756
1本どり
ですき間を
埋める

アウトライン・S
03

819
1本どり

ストレート・S
3756
03
1本どり

④BLANC

①アウトライン・S
844

アウトライン・S
3023
1本どり

②3766

③310

※目はすべて
1本どり

03

224

ロング＆ショート・S
3756

ストレート・S
648
04
1本どり

04

アウトライン・S
04

3861
1本どり

④BLANC

①アウトライン・S
844

04

※目はすべて
1本どり

②3849

③310

リボン
土台：553
縞：ストレート・S
543
1本どり

アウトライン・S
844　1本どり

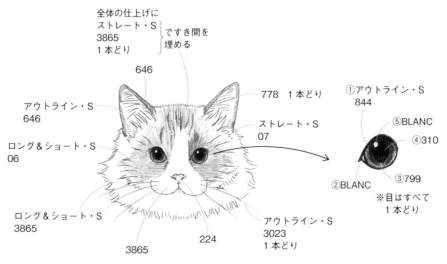

全体の仕上げに
ストレート・S
3865
1本どり
ですき間を
埋める

646

778　1本どり

アウトライン・S
646

ストレート・S
07

①アウトライン・S
844

ロング＆ショート・S
06

⑤BLANC

④310

②BLANC

③799

ロング＆ショート・S
3865

アウトライン・S
3023
1本どり

※目はすべて
1本どり

224

3865

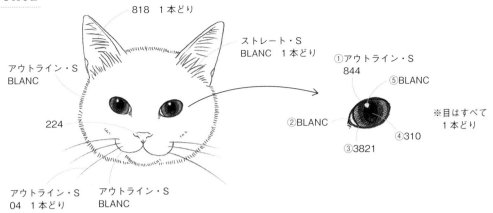

818　1本どり

ストレート・S
BLANC　1本どり

アウトライン・S
BLANC

224

①アウトライン・S
844

⑤BLANC

②BLANC

④310

③3821

※目はすべて
1本どり

アウトライン・S
04　1本どり

アウトライン・S
BLANC

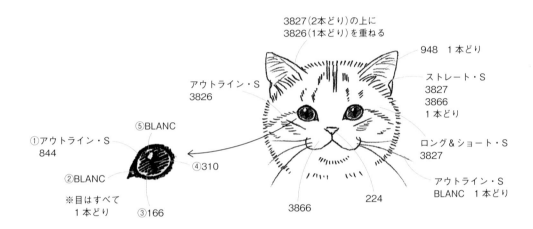

3827（2本どり）の上に
3826（1本どり）を重ねる

948　1本どり

ストレート・S
3827
3866
1本どり

アウトライン・S
3826

①アウトライン・S
844

⑤BLANC

②BLANC

④310

③166

※目はすべて
1本どり

ロング＆ショート・S
3827

アウトライン・S
BLANC　1本どり

3866

224

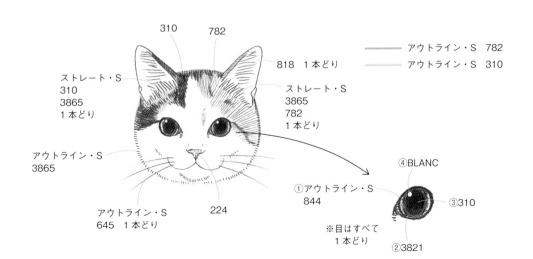

310　　782

818　1本どり

ストレート・S
310
3865
1本どり

ストレート・S
3865
782
1本どり

━━━ アウトライン・S　782
━━━ アウトライン・S　310

アウトライン・S
3865

①アウトライン・S
844

④BLANC

③310

②3821

※目はすべて
1本どり

アウトライン・S
645　1本どり

224

63

ストレッチ猫のクッションカバー　**Photo >> P.22**

＊刺繍糸は指定以外2本どり
＊耳、鼻、爪はサテン・Sで刺す

布地提供：カラーリネン（114 リーフグリーン、117 ミルク・ホワイト）／fabric bird

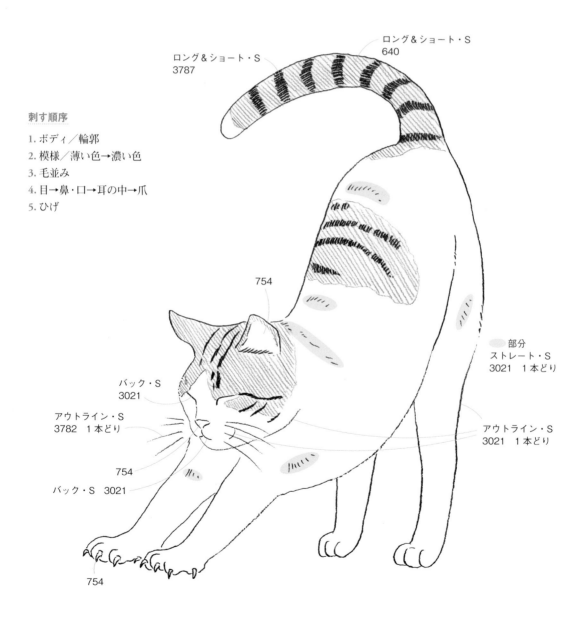

ロング＆ショート・S
640

ロング＆ショート・S
3787

刺す順序

1. ボディ／輪郭
2. 模様／薄い色→濃い色
3. 毛並み
4. 目→鼻・口→耳の中→爪
5. ひげ

754

部分
ストレート・S
3021　1本どり

バック・S
3021

アウトライン・S
3782　1本どり

アウトライン・S
3021　1本どり

754

バック・S　3021

754

ある日の猫　**Photo >> P.24**

＊刺繍糸は指定以外2本どり

布地提供：カラーリネン（117 ミルク・
ホワイト）／fabric bird

刺す順序

1. 顔・ボディ／輪郭
2. 顔／目→鼻・口
3. 耳／耳の中
4. 顔・ボディ／模様（薄い色→濃い色）
5. ひげ

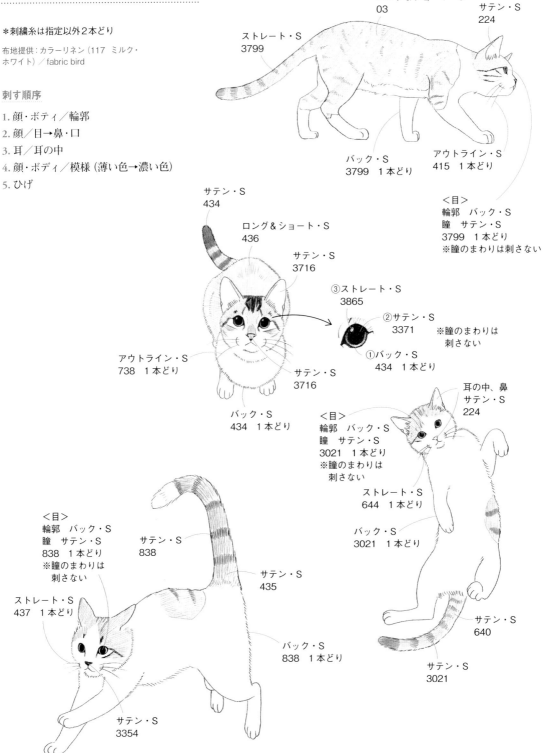

ロング＆ショート・S
03

サテン・S
224

ストレート・S
3799

バック・S
3799　1本どり

アウトライン・S
415　1本どり

＜目＞
輪郭　バック・S
瞳　サテン・S
3799　1本どり
※瞳のまわりは刺さない

サテン・S
434

ロング＆ショート・S
436

サテン・S
3716

③ストレート・S
3865

②サテン・S
3371

①バック・S
434　1本どり

※瞳のまわりは
刺さない

アウトライン・S
738　1本どり

サテン・S
3716

バック・S
434　1本どり

＜目＞
輪郭　バック・S
瞳　サテン・S
3021　1本どり
※瞳のまわりは
　刺さない

耳の中、鼻
サテン・S
224

ストレート・S
644　1本どり

バック・S
3021　1本どり

＜目＞
輪郭　バック・S
瞳　サテン・S
838　1本どり
※瞳のまわりは
　刺さない

サテン・S
838

サテン・S
435

ストレート・S
437　1本どり

バック・S
838　1本どり

サテン・S
640

サテン・S
3354

サテン・S
3021

うちのコが一番　Photo >> P.25

Photo >> P.25

＊刺繍糸は指定以外2本どり

布地提供：国産仕様リネン100％広幅キャンバス
（73 ベージュ）／たけみや

バック・S　838　1本どり
バック・S　433
バック・S　167

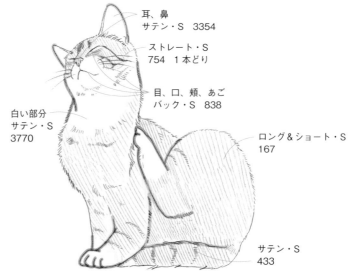

耳、鼻
サテン・S　3354

ストレート・S
754　1本どり

目、口、頬、あご
バック・S　838

白い部分
サテン・S
3770

ロング＆ショート・S
167

サテン・S
433

刺す順序（共通）

1. 顔／目→鼻・口→頬→あご
2. 耳／耳のまわり→耳の中
3. ボティ／赤のラインの輪郭
4. 顔・ボティ／模様（薄い色→濃い色）
5. 顔・ボティ／広い部分の刺し埋め
6. ひげ

③ストレート・S
3865

※瞳のまわりは
刺さない

②サテン・S
3371　1本どり

①バック・S
3371　1本どり

ロング＆
ショート・S
3031

サテン・S
842

ロング＆
ショート・S
434

ストレート・S
842　1本どり

サテン・S
3354

ロング＆ショート・S
712

アウトライン・S
318　3本どり

バック・S　3371　1本どり
バック・S　434

③ストレート・S
3865

※瞳のまわりは
刺さない

②サテン・S
838　1本どり

サテン・S
838

サテン・S
841

①バック・S
838　1本どり

サテン・S
224

バック・S
838
1本どり

ストレート・S
05　1本どり

輪郭と毛の流れ
ロング＆
ショート・S
05

ロング＆
ショート・S
3865

ロング＆
ショート・S
838

ロング＆
ショート・S
3862

アウトライン・S
838で埋める

毛の流れ
アウトライン・S
3862

バック・S　08　1本どり

猫のブローチ Photo >> P.28, 29

＊刺繍糸は指定以外1本どり

布地提供：カラーリネン A（116 ピーチ・ブラッサム）、C
（109 パーシモン）、F（101 インディゴ・ブルー）、リトアニ
アリネンカラー無地 B（12 ピスタチオ）、E（15 ラベンダー）
　すべて fabric bird
布地：綿麻地 D（ホワイト　ヘリンボーン地）

D

サテン・S
224

目、鼻、口
ストレート・S
535

バック・S
535

ひげ
ストレート・S
648

アウトライン・S
326

E

サテン・S 3354

目、鼻、口、ひげ
ストレート・S
844

バック・S
844

サテン・S
434

ロング＆ショート・S
738

A

アウトライン・S
310

バック・S
310

サテン・S
644　2本どり

サテン・S
310

サテン・S
3354　2本どり

③ストレート・S
BLANC

②サテン・S
310

①バック・S
310

バック・S
310

アウトライン・S
844

※瞳のまわりは
刺さない

刺す順序

1. 顔・ボティ／輪郭を刺す
2. 目、鼻、口、ひげ
3. 耳／耳の中を埋める
4. ボディ／模様を刺す
5. 顔・ボティ／全体を埋める、
または模様を埋める

B

縞模様
アウトライン・S
3031　2本どり

耳、顔の輪郭
バック・S　3031

サテン・S
3689
2本どり

ロング＆ショート・S
顔の中央　BLANC
外側　436
2本どり

③ストレート・S
BLANC

①バック・S
3031

②サテン・S
3031

サテン・S
3354　2本どり

アウトライン・S
3021

※瞳のまわりは
刺さない

F

ストレート・S
3799

サテン・S
3354
2本どり

アウトライン・S
3799

ロング＆ショート・S
648
2本どり

アウトライン・S
640　2本どり
（太めに刺す）

C

バック・S
841

縞模様
ストレート・S　08
2本どり

ロング＆ショート・S
712

ロング＆ショート・S
顔の中央　841
外側〜ボディ　712
2本どり

①バック・S　08

④ストレート・S
BLANC

③サテン・S
712

②サテン・S
08

サテン・S
3354　2本どり

バック・S
08

アウトライン・S
08

落ち着く場所　**Photo >> P.26**

*刺繍糸は指定以外1本どり

布地提供：国産仕様リネン100％広幅
キャンバス（74 ペールイエロー）／
たけみや

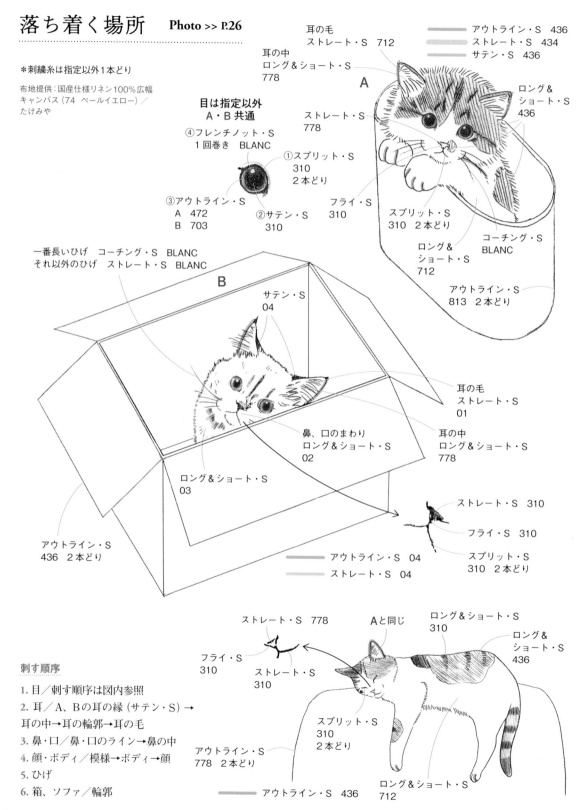

耳の毛
ストレート・S　712

耳の中
ロング＆ショート・S
778

アウトライン・S　436
ストレート・S　434
サテン・S　436

A

ロング＆
ショート・S
436

ストレート・S
778

**目は指定以外
A・B共通**

④フレンチノット・S
1回巻き　BLANC

①スプリット・S
310
2本どり

③アウトライン・S
A　472
B　703

②サテン・S
310

フライ・S
310

スプリット・S
310　2本どり

ロング＆
ショート・S
712

コーチング・S
BLANC

アウトライン・S
813　2本どり

一番長いひげ　コーチング・S　BLANC
それ以外のひげ　ストレート・S　BLANC

B

サテン・S
04

耳の毛
ストレート・S
01

耳の中
ロング＆ショート・S
778

鼻、口のまわり
ロング＆ショート・S
02

ロング＆ショート・S
03

アウトライン・S
436　2本どり

アウトライン・S　04
ストレート・S　04

ストレート・S　310

フライ・S　310

スプリット・S
310　2本どり

ストレート・S　778

Aと同じ

ロング＆ショート・S
310

ロング＆
ショート・S
436

フライ・S
310

ストレート・S
310

スプリット・S
310
2本どり

アウトライン・S
778　2本どり

ロング＆ショート・S
712

アウトライン・S　436

刺す順序

1. 目／刺す順序は図内参照
2. 耳／A、Bの耳の縁（サテン・S）→
耳の中→耳の輪郭→耳の毛
3. 鼻・口／鼻・口のライン→鼻の中
4. 顔・ボディ／模様→ボディ→顔
5. ひげ
6. 箱、ソファ／輪郭

毛布にくるまる猫 **Photo >> P.30**

＊刺繍糸は指定以外1本どり

布地提供：国産仕様リネン100％広幅キャンバス
（72 ペールグレー）／たけみや

刺す順序

1. 毛布／輪郭
2. 顔・ボディ／輪郭
3. 目／刺す順序は図内参照
4. 鼻・口
5. 耳／耳の中（ピンクの部分）→耳の中
（白の部分と毛）→顔の境の毛
6. ひげ
7. 顔・ボディ／模様→全体を刺し埋める
8. 毛布／模様

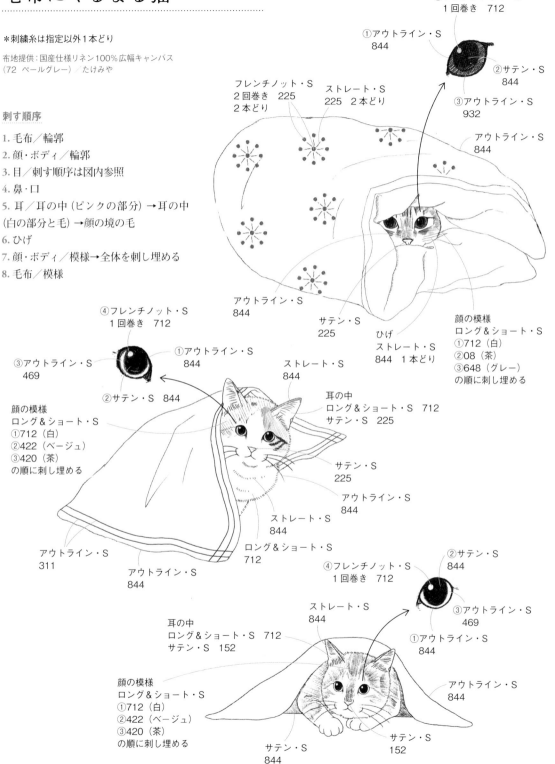

④フレンチノット・S
1回巻き 712

①アウトライン・S
844

②サテン・S
844

③アウトライン・S
932

アウトライン・S
844

フレンチノット・S
2回巻き 225
2本どり

ストレート・S
225 2本どり

アウトライン・S
844

サテン・S
225

ひげ
ストレート・S
844 1本どり

顔の模様
ロング＆ショート・S
①712（白）
②08（茶）
③648（グレー）
の順に刺し埋める

④フレンチノット・S
1回巻き 712

③アウトライン・S
469

①アウトライン・S
844

②サテン・S 844

顔の模様
ロング＆ショート・S
①712（白）
②422（ベージュ）
③420（茶）
の順に刺し埋める

ストレート・S
844

耳の中
ロング＆ショート・S 712
サテン・S 225

サテン・S
225

アウトライン・S
844

ストレート・S
844

ロング＆ショート・S
712

アウトライン・S
311

アウトライン・S
844

④フレンチノット・S
1回巻き 712

②サテン・S
844

③アウトライン・S
469

①アウトライン・S
844

アウトライン・S
844

ストレート・S
844

耳の中
ロング＆ショート・S 712
サテン・S 152

顔の模様
ロング＆ショート・S
①712（白）
②422（ベージュ）
③420（茶）
の順に刺し埋める

サテン・S
844

サテン・S
152

3匹の子猫　Photo >> P.31

＊刺繍糸はすべて1本どり
＊輪郭とひげはアウトライン・Sで刺す
＊鼻と耳の中はサテン・Sを152で刺す

布地提供：カラーリネン（101　インディゴ・ブルー）／ fabric bird

刺す順序

1. 顔・ボディ／輪郭
2. 目／刺す順序は図内参照
3. 鼻・口
4. 耳／耳の毛→耳の中（ピンクの部分）
5. ひげ
6. 顔・ボディ／模様の縞→縞のまわり

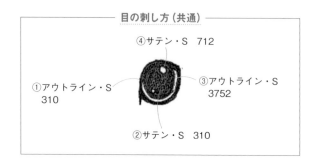

目の刺し方（共通）

④サテン・S　712
①アウトライン・S　310
②サテン・S　310
③アウトライン・S　3752

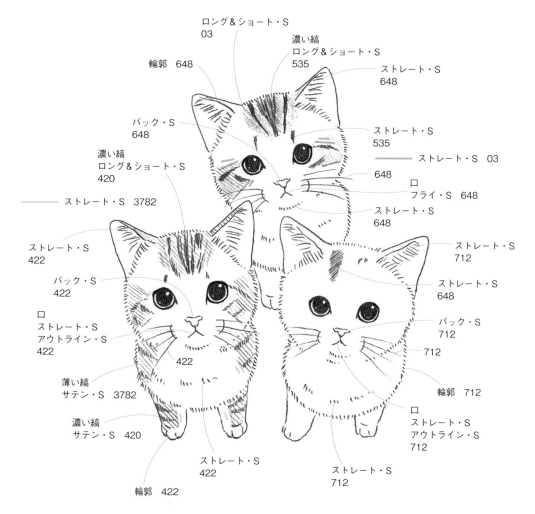

ロング＆ショート・S
03

濃い縞
ロング＆ショート・S
535

輪郭　648

ストレート・S
648

バック・S
648

ストレート・S
535

濃い縞
ロング＆ショート・S
420

ストレート・S　03

648

口
フライ・S　648

ストレート・S　3782

ストレート・S
648

ストレート・S
422

ストレート・S
712

バック・S
422

ストレート・S
648

口
ストレート・S
アウトライン・S
422

バック・S
712

422

712

薄い縞
サテン・S　3782

輪郭　712

濃い縞
サテン・S　420

口
ストレート・S
アウトライン・S
712

ストレート・S
422

ストレート・S
712

輪郭　422

おさんぽ猫のスリーブ　**Photo >> P.32**

猫シルエット　**Photo >> P.33**

＊刺繍糸は指定以外2本どり
＊指定以外はサテン・Sで刺す
＊シルエット（P.33）の猫の色はすべて318

布地提供：P.32のスリーブ_国産仕様リネン100％広幅キャンバス
（114　ミルクティー）　たけみや
布地：P.33の猫シルエット_綿麻地（ホワイト／ヘリンボーン地）

刺す順序

上から下へ刺し埋める

サテン・S

スリーブ A

310

スリーブ B

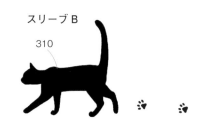

310

フレンチノット・S
2回巻き
310　1本どり

フレンチノット・S
2回巻き
310　4本どり

シルエット

レイズド フィッシュボーン・S

巻きつけアウトライン・S

2匹はなかよし　**Photo >> P.34**

＊刺繍糸は指定以外1本どり

＊目はアウトライン・S、鼻の輪郭と口はバック・Sを3781で刺す

布地提供：リネン無地タンブラー（1 きなり）／fabric bird

刺す順序

1. 顔・ボディ・かご／輪郭

2. 目→鼻・口のライン→鼻の中

3. 顔・ボディ／模様の柄→柄のまわり→毛の流れ

4. 耳／耳の中（ピンクの部分）→耳の毛

5. ひげ→首輪

6. かごの模様→毛布（濃い色→薄い色）

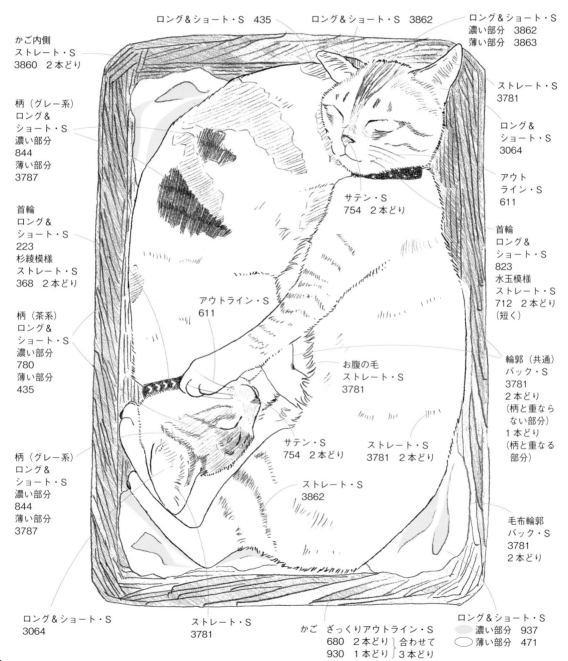

ロング＆ショート・S　435

ロング＆ショート・S　3862

ロング＆ショート・S
濃い部分　3862
薄い部分　3863

かご内側
ストレート・S
3860　2本どり

柄（グレー系）
ロング＆
ショート・S
濃い部分
844
薄い部分
3787

首輪
ロング＆
ショート・S
223
杉綾模様
ストレート・S
368　2本どり

柄（茶系）
ロング＆
ショート・S
濃い部分
780
薄い部分
435

柄（グレー系）
ロング＆
ショート・S
濃い部分
844
薄い部分
3787

アウトライン・S
611

お腹の毛
ストレート・S
3781

サテン・S
754　2本どり

ストレート・S
3862

サテン・S
754　2本どり

ストレート・S
3781　2本どり

ストレート・S
3781

ストレート・S
3064

ストレート・S
3781

ロング＆ショート・S
3064

かご　ざっくりアウトライン・S
680　2本どり ｝合わせて
930　1本どり ｝3本どり

ロング＆ショート・S
濃い部分　937
薄い部分　471

ストレート・S
3781

ロング＆
ショート・S
3064

アウト
ライン・S
611

首輪
ロング＆
ショート・S
823
水玉模様
ストレート・S
712　2本どり
（短く）

輪郭（共通）
バック・S
3781
2本どり
（柄と重なら
ない部分）
1本どり
（柄と重なる
部分）

毛布輪郭
バック・S
3781
2本どり

寝姿　**Photo >> P.1**

＊刺繍糸は指定以外2本どり
＊刺し方はP.42参照

布地提供：リネン無地タンブラー（2 オフ）／fabric bird

刺す順序

1. 輪郭
2. 模様
3. 毛の流れ

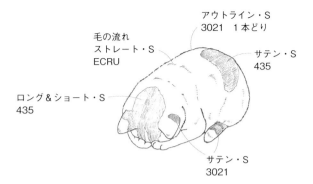

アウトライン・S
3021　1本どり

毛の流れ
ストレート・S
ECRU

サテン・S
435

ロング＆ショート・S
435

サテン・S
3021

ロシアンブルー　**Photo >> P.35**

＊刺繍糸は指定以外2本どり
＊猫の輪郭はアウトライン・Sを04で刺す

布地提供：国産仕様リネン100％広幅キャンバス
（72 ペールグレー）／たけみや

 部分は 1本どり

※目はすべて 1本どり

④ストレート・S
BLANC

③ストレート・S
04

①バック・S
04

②サテン・S
310

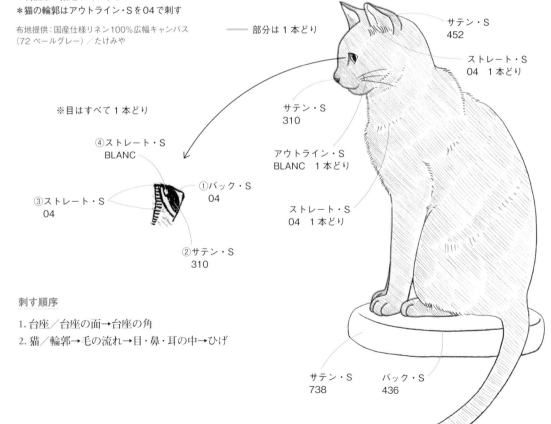

サテン・S
452

ストレート・S
04　1本どり

サテン・S
310

アウトライン・S
BLANC　1本どり

ストレート・S
04　1本どり

サテン・S
738

バック・S
436

刺す順序

1. 台座／台座の面→台座の角
2. 猫／輪郭→毛の流れ→目・鼻・耳の中→ひげ

小物の作り方

◆ 本書のP.13のキッチンクロス、P.27のシャツは市販品を使用しています。 それぞれお好みのものを選んで刺繍してください。

◆ P.17のフレームは刺繍枠をフレームとしてご利用ください。

◆ 材料内の布の用尺は幅×長さ、できあがりサイズは横×縦で表記しています。

ストレッチ猫のクッションカバー　　Photo >> P.22　　図案 >> P.64

材料（30cm角クッション用）　　　　　　　　　　**できあがりサイズ**　30×30cm

リネン地（リーフグリーン）縁布32×7cmを4枚
　　　　　　　　　　　後ろ布 A32×30cmとB32×15cmを各1枚
　　　（ミルク・ホワイト）刺繍用布22×22cmを1枚

布地提供：カラーリネン（114 リーフグリーン、117 ミルク・ホワイト）／fabric bird

25番刺繍糸（図案、色はP.64参照）

寸法図　　※（ ）は縫いしろ寸法、細線は仕上がり線を示す

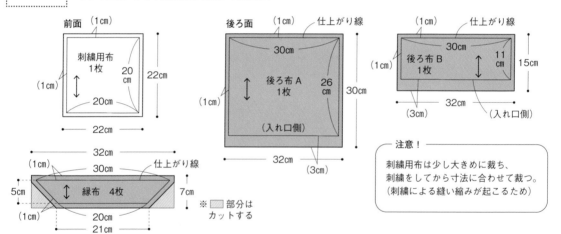

注意！
刺繍用布は少し大きめに裁ち、
刺繍をしてから寸法に合わせて裁つ。
（刺繍による縫い縮みが起こるため）

作り方

1 刺繍用布に図案を写して刺繍をし（P.64参照）、
　 布端にジグザグミシンをかける。

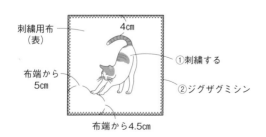

2 縁布の布端にジグザグミシンをかけ、
　 縁布を縫い合わせる。

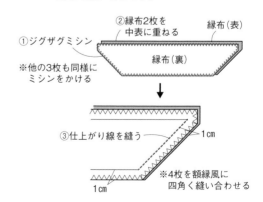

3 縁布の縫いしろを割る。

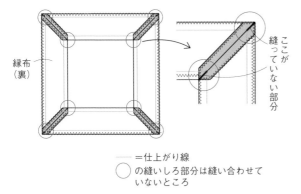

縁布
（裏）

ここが縫っていない部分

—— ＝仕上がり線
〇 の縫いしろ部分は縫い合わせていないところ

5 後ろ布A、Bの布端3辺にジグザグミシンをかけ、入れ口を3つ折りして縫う。

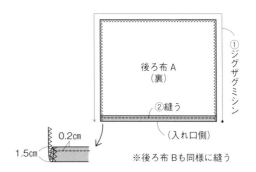

後ろ布 A
（裏）

①ジグザグミシン

②縫う

（入れ口側）

0.2cm

1.5cm

※後ろ布Bも同様に縫う

4 刺繍用布と縁布を縫い合わせる。

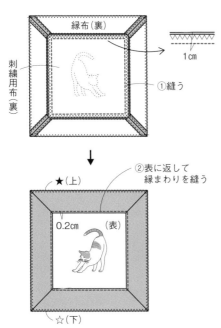

縁布（裏）

刺繍用布（裏）

①縫う

1cm

②表に返して縁まわりを縫う

★（上）

0.2cm

（表）

☆（下）

6 4と5を中表になるように重ねて周囲を縫い、表に返す。

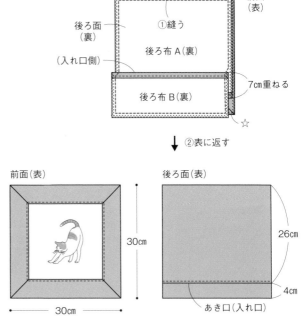

1cm　★

前面（表）

後ろ面（裏）

①縫う

後ろ布 A（裏）

（入れ口側）

後ろ布 B（裏）

7cm重ねる

☆

②表に返す

前面（表）

後ろ面（表）

30cm

30cm

26cm

4cm

あき口（入れ口）

猫のいるトートバッグ　**Photo >> P.9**　　図案 >> P.51

材料

できあがりサイズ　22×25cm（持ち手含まず）

リネン地（ペールブルー）表布24×56cmを1枚、持ち手38×5cmを2枚

布地提供：国産仕様リネン100%広幅キャンバス（55 ペールブルー）／たけみや

25番刺繍糸（図案、色はP.51参照）

接着芯　12×8.5cm

寸法図　※（　）は縫いしろ寸法、細線は仕上がり線を示す

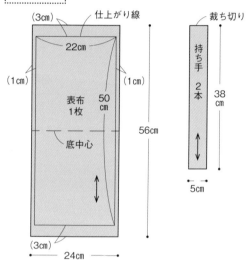

（3cm）　　仕上がり線　　　　　　　裁ち切り

22cm

（1cm）　　　　　　（1cm）

表布
1枚　　50cm

56cm

底中心

（3cm）

24cm

持ち手
2本

38cm

5cm

3 表布の布端にジグザグミシンをかけ、
中表に重なるように2つ折りし、脇を縫う。

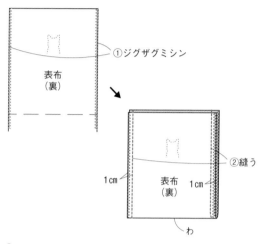

①ジグザグミシン

表布
（裏）

②縫う

1cm　　表布（裏）　　1cm

わ

4 持ち手をつける

①入れ口に持ち手を
重ねる

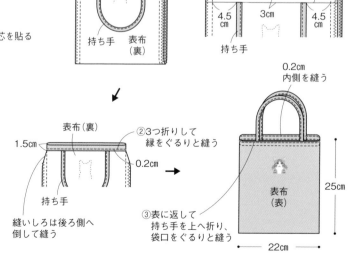

持ち手　表布
（裏）

仕上がり線

4.5cm　3cm　4.5cm

持ち手

②3つ折りして
縁をぐるりと縫う

1.5cm　　　0.2cm

表布（裏）

持ち手

縫いしろは後ろ側へ
倒して縫う

0.2cm
内側を縫う

③表に返して
持ち手を上へ折り、
袋口をぐるりと縫う

表布
（表）

25cm

22cm

作り方

1 表布に図案を写し、刺繍をする（P.51参照）。

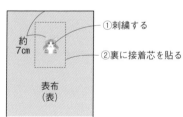

約
7cm

①刺繍する

②裏に接着芯を貼る

表布
（表）

2 持ち手を2本作る。

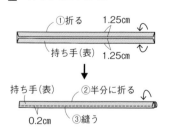

①折る　　1.25cm

持ち手（表）

1.25cm

持ち手（表）　　②半分に折る

0.2cm　　③縫う

後ろ姿の猫巾着　　**Photo >> P.12**　　図案 >> P.55

材料

リネン地（ナチュラル）表布18.4×55.4cmを1枚
布地提供：リネン無地タンブラー（1 きなり）／ fabric bird
ひも50cmを2本
25番刺繍糸（図案、色はP.55参照）

できあがりサイズ　17×23cm（ひも含まず）

寸法図

※（　）は縫いしろ寸法、
　細線は仕上がり線を示す

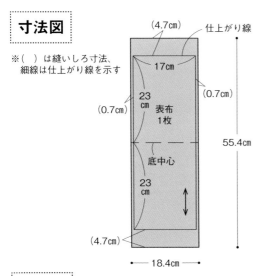

（4.7cm）
仕上がり線
17cm
23cm
（0.7cm）
（0.7cm）
表布
1枚
底中心
23cm
55.4cm
（4.7cm）
18.4cm

作り方

1 表布に図案を写し、刺繍をする（P.55参照）。

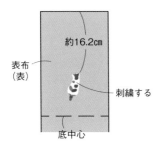

約16.2cm
表布
（表）
刺繍する
底中心

2 表布の布端にジグザグミシンをかける。

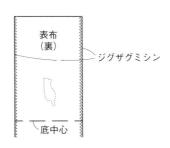

表布
（裏）
ジグザグミシン
底中心

3 中表に重ねて2つ折りし、
ひも通し口を残して脇を縫う。

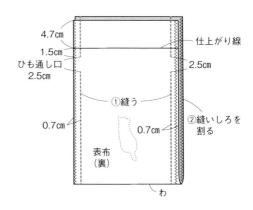

4.7cm
仕上がり線
1.5cm
2.5cm
ひも通し口
2.5cm
①縫う
②縫いしろを割る
0.7cm
0.7cm
表布
（裏）
わ

4 入れ口を縫う。

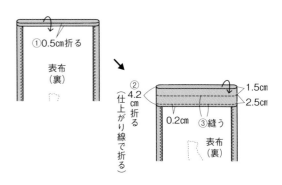

①0.5cm折る
表布
（裏）
②4.2cm折る（仕上がり線で折る）
1.5cm
2.5cm
0.2cm
③縫う
表布
（裏）

5 表に返してひもを通し、両端をそれぞれ結ぶ。

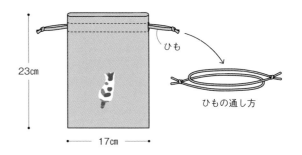

ひも
23cm
17cm
ひもの通し方

おさんぽ猫のスリーブ　Photo >> P.32　図案 >> P.71

材料（1個分）

リネン地（ミルクティー）表布、裏布26×10cmを各1枚

布地提供：国産仕様リネン100％広幅キャンバス（114 ミルクティー）／たけみや

25番刺繍糸（図案、色はP.71参照）

できあがりサイズ　図参照

裁ち方

※（　）は縫いしろ寸法、
　細線は仕上がり線を示す

※実物大型紙はP.79

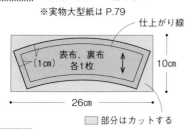

部分はカットする

作り方

1 表布に図案を写し、
　　刺繍をする（P.71参照）。

2 表布と裏布を中表になるように重ね、
　　返し口を残して周囲を縫う。

3 縫いしろを0.7cmにカットしてから
　　表に返し、端から0.2cm内側を縫う。

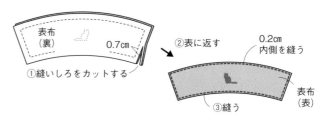

4 両端を合わせてまつる。

猫のブローチ　Photo >> P.28, 29　図案 >> P.67

材料（1個分）

リネン地（好みの色／布地提供P.67参
　照）直径約7～8.5cmを1枚（目安）

※ただし布は刺繍枠にはめられる大きさを
　用意し、刺繍をしてからくるみボタンキットに
　記載されている寸法にカットする。

25番刺繍糸（図案、色はP.67参照）

くるみボタン＆ブローチピン

　（直径4cmもしくは4.5×3.5cm、5.5
　×4cmのオーバル型）1組

※作品はクロバー「くるみボタン・ブローチ
　セット」のサークル40（A、B、E、F）、オー
　バル45（D）、オーバル55（C）を使用。

作り方

1 リネン地にP.67を参照して図案を
　　写し、刺繍する。
　　刺繍がくるみボタンの中央になる
　　ようにカットする。

2 キットに記載されている作り方
　　に沿ってくるみボタンを作る。

3 くるみボタンの裏面にブローチ
　　ピンを固定する。

実物大型紙　スリーブ

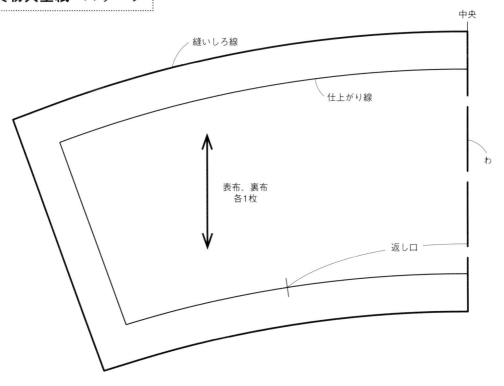

中央

縫いしろ線

仕上がり線

表布、裏布
各1枚

わ

返し口

スリーブ A

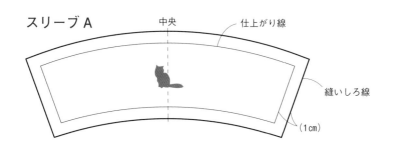

中央

仕上がり線

縫いしろ線

(1cm)

スリーブ B

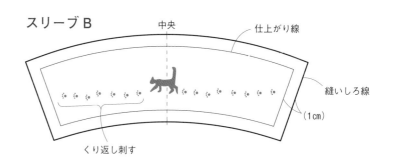

中央

仕上がり線

縫いしろ線

(1cm)

くり返し刺す

図案

イデタカコ

イラストレーター。猫を中心とした水彩画の淡い雰囲気を生かした動物のイラストを得意とする。著書に「描いて楽しい なぞり猫」「描いて楽しい もっとなぞり猫」「描いて笑えば なぞり柴犬」(すべて成美堂出版刊)など。愛猫はニコル。

https://www.takakoide.com

Instagram：@takakoide22

刺繍＆雑貨制作

étoffer.i http://etofferi.com (P.37〜42刺し方指導)

itonohaco Instagram：@itonohaco

tam-ram https://tamram.exblog.jp

tappi Instagram：@tappi16

渡部友子 Instagram：@a_little_bird_embroidery

STAFF

ブックデザイン	橘川幹子
撮影	白井由香里
スタイリング	西森 萌
製図・トレース	松尾容巳子
校閲	奥住玲子
編集	中田早苗
編集デスク	川上裕子(成美堂出版編集部)

糸提供

ディー・エム・シー株式会社

東京都千代田区神田紺屋町13番地 山東ビル7F

TEL 03-5296-7831

https://www.dmc.com

布提供

株式会社たけみや

福岡県北九州市八幡西区黒崎2丁目6-8

TEL 093-621-5858

https://www.takemiya-online.com

fabric bird (中商事株式会社)

香川県高松市庵治町丸山6391-19

TEL 087-870-3068

https://www.rakuten.ne.jp/gold/fabricbird/

素材提供

クロバー株式会社

大阪府大阪市東成区中道3-15-5

TEL 06-6978-2277 (お客様係)

https://clover.co.jp

本書に掲載した布地、用具、材料の情報は2022年12月現在のものです。印刷物のため、作品の色は実物と多少異なる場合があります。本書に掲載した作品を複製して販売、頒布、コンテストなどに応募することは禁じられています。

わたしだけの猫刺繍

図 案	イデタカコ
発行者	深見公子
発行所	成美堂出版
	〒162-8445 東京都新宿区新小川町1-7
	電話(03)5206-8151 FAX(03)5206-8159
印 刷	凸版印刷株式会社

©SEIBIDO SHUPPAN 2023 PRINTED IN JAPAN

ISBN978-4-415-33208-6

落丁・乱丁などの不良本はお取り替えします

定価はカバーに表示してあります